RATGEBER

Für einfache Orientierung mit der App

IMMER WISSEN, WO MAN IST

Die Orientierung ist auf der digitalen Karte dank GPS ein Kinderspiel. Ein roter Punkt zeigt den aktuellen Standort und mit einem Pfeil in die Marschrichtung.

GLEICHES KARTENBILD

Wanderkarten und die Wanderkarten-App sind eine perfekte Ergänzung. Eine gedruckte Wanderkarte sollte zur Sicherheit immer dabei sein. Die KOMPASS Karte besitzt das gleiche Kartenbild wie in der digitalen Form. Damit lässt sich perfekt mit beiden Medien arbeiten.

PRAKTISCHES FORMAT

Eine Wanderkarte bietet eine perfekte Übersicht über eine Region. Während einer Wanderung bietet die digitale Karte den Vorteil des handlichen Smartphone-Formats. Es kann einfach in die Hosentasche gesteckt werden und ist somit immer griffbereit.

SKALIERBAR

Während eine gedruckte Wanderkarte einen fixen Maßstab besitzt, kann die digitale Karte vergrößert werden, um Details besser ablesen zu können.

LIVE SIGNAL UND AUFZEICHNEN

Mit der KOMPASS App können die Touren aufgezeichnet werden oder zur Sicherheit mit anderen Live geteilt werden.

INHALTSVERZEICHNIS

Zeichenerklärung WANDERTOUREN

- Streckentour
- Rundtour
- Länge
- Gehzeit
- Höhenmeter Aufstieg
- Höhenmeter Abstieg

DIE REGION

Für wanderbare Wunderwelten

Die Region Landsberg am Lech, Ammersee – touristisch unter der Dachmarke „Ammersee–Lech" vermarktet – erwartet Besucher mit einer vielfältigen Landschaft, aus der insbesondere der Ammersee mit seinem türkisen, kristallklaren Wasser sowie der Wildfluss Lech hervorzuheben sind. Der naturgegebene Abwechslungsreichtum macht Aktivitäten in dieser Region besonders reizvoll.

Im Herzen der vorliegenden Wanderkarte durchfließt der Lech von Süden nach Norden das Gebiet. Der Fluss mit seinem magisch hellbau-türkisen bis jadegrünen Wasser, das er dem hohen Mineraliengehalt sowie der niedrigen Wassertemperatur verdankt, gilt als der letzte Wildfluss im nördlichen Alpenraum. Er entspringt nahe dem Formarinsee in Vorarlberg, fließt dann durch das Lechtal – eine der letzten Wildflusslandschaften Europas –, passiert Füssen (wo der Lechfall einen Besuch wert ist) und Augsburg und mündet schließlich bei Rain in die Donau.

Im östlichen Ausschnitt der vorliegenden Wanderkarte liegt der Ammersee, der drittgrößte der bayerischen Seen (ohne den Bodensee miteinzurechnen). Dank seiner Nähe zur Landeshauptstadt München ist der Ammersee ein beliebtes Naherholungsziel. Die kleineren Gewässer Wörthsee und Pilsensee stehen mitunter im Schatten der großen Nachbarn Ammersee und Starnberger See, sind jedoch genauso malerisch und einen Besuch wert. Das heutige Aussehen verdankt das sogenannte Fünfseenland, zu welchem auch der Weßlinger See gerechnet wird, den Erosionsprozessen der Würmeiszeit vor rund 10.000–15.000 Jahren. Damals schob der Isar-Loisach-Gletscher die heutigen Seenbecken aus. Aufgrund dessen, dass beim Rückschmelzen des Gletschers der Großteil des Schmelzwassers über die heutigen Flussläufe von Loisach und Isar ablief, wurden die Seen von einer Verlandung verschont. Die hügelige Landschaft, deren Farbe oft mit jener der Seen kontrastiert, macht den Reiz der Gegend aus.

Wunderschöne Wanderwege durchqueren das Gebiet rund um den Ammersee, darunter der LechErlebnisWeg und ein Teil des König-Ludwig-Weges (http://www.koenig-ludwig-weg.de), der auf den königlichen Spuren des unglücklichen „Märchenkönigs" Ludwig II. vom Starnberger See über den Ammersee bis nach Füssen führt.

ACTION

Für mutige Abenteurer

Erstmal kurz durchschnaufen, dann kann es losgehen. Egal ob bei der Erkundung des Labyrinths Ex Ornamentis, bei der Umrundung des Ammersees mit dem Bike, beim Klettern, im Hochseilgarten, auf dem Surfbrett oder im Kart – diese Abenteuer sind etwas für echte Action-Helden.

LABYRINTH EX ORNAMENTIS (G/H 2/3) | Wer mitten drin steckt, der verliert leicht den Überblick. Aus der Luft aber eröffnet sich das Labyrinth Ex Ornamentis mit seinen aktuellen, jährlich wechselnden Sujets – das können Albert Einstein, Asterix und Obelix, die Titanic, die Bremer Stadtmusikanten oder 2017 Martin Luther sein. Das Labyrinth aus Hanf, Mais und Sonnenblumen wird jährlich Anfang Sommer auf dem Uttinger Freizeitgelände eröffnet. Auch Such- und Wissensspiele sind Teil der Irrwege, die mit dem Säen im April und dem Abmähen im Sommer ihren Ausgang nehmen.

Freizeitgelände Fahrmannsbachstraße
D-86919 Utting am Ammersee
Tel. +49 8192 934683
www.exornamentis.de

RADTOUR UM DEN AMMERSEE (H/I 2–4) | Einmal rund um den Ammersee mit dem Fahrrad – das ist die Devise dieser Radtour, die auf einer Strecke von 47,6 km hauptsächlich auf ruhigen Wegen rund um den See führt. Prinzipiell kann die Route natürlich von jedem Ort aus gestartet werden. Wir beginnen unsere Tour in Herrsching, das bequem mit der S-Bahn erreichbar ist und fahren Richtung Süden. Wir queren das Mündungsgebiet der Ammer Richtung Raisting und biegen wieder gen Norden ab nach Dießen. Dem See entlang führt unsere Tour über Utting, Schondorf, Stegen nach Inning. Über Buch, Breitbrunn, Ellwang und Rausch gelangen wir wieder nach Hersching. An heißen Sommertagen lädt der See zwischendurch zur Erfrischung ein.

KLETTERZENTRUM KAUFBEUREN

(A 4) | Das Kletterzentrum des Deutschen Alpenvereins ist Anlaufpunkt für passionierte Kletterartisten und mutige Anfänger. An 365 Tagen im Jahr kann hier auf über 160 Routen mit Schwierigkeiten vom 4. bis zum 10. Grad (UIAA) geklettert werden. Der Outdoorkletterturm mit über 850 m² Kletterfläche und einer Höhe von 14,5 m ist in den Sommermonaten unter Flutlichtbeleuchtung bis 23 Uhr geöffnet. Indoor wird auf 190 m² und 2 Ebenen gebouldert, außerdem steht eine Schulungswand mit Abseilpodesten zur Verfügung. Ein weiteres Highlight ist die 10 m hohe Speedkletterwand, die um 5 Grad überhängt und auf der zwei parallele Bahnen mit identischen Wettkampfrouten eingeschraubt werden können.

Buronstraße 99
D-87600 Kaufbeuren
Tel. + 49 8341 73016
www.alpenverein-kaufbeuren-gablonz.de

WINDSURFEN AM AMMERSEE

(H 2–4) | Wenn der Wind bläst geht es am Ammersee beim Windsurfen ordentlich her. Einsteigern bietet die Ski- und Surfschule Müller in Eching am Nordufer des Ammersees wunderbare Gelegenheit für die ersten Surf-Versuche, denn das dortige Stehrevier eignet sich ideal für Anfänger. Profis können natürlich auch Equipment ausborgen.

www.wikiwakiwu.com
www.surfstadl.de

HOCHSEILGARTEN AMMERSEE

(G/H 2/3) | Ein Piratenschiff am Ammersee? Die „Wilde Gretel“ ankert nicht im See, sondern an Land – und zwar in Utting. Der Hochseilgarten in Form eines Piratenschiffs kann durch Klettern, Hangeln und Balancieren bewältigt werden. Vier Routen stehen zur Wahl – Höhe und Schwierigkeitsgrad sind variabel. Ebene 1, der Kinderparcous, ist für kleine Piraten ab 6 Jahren gedacht.

Fahrmannsbachstraße 2
D-86919 Utting am Ammersee
Tel. +49 8806 9234920
www.hochseilgarten-ammersee.de

ALLGÄUER HALLENKARTBAHN

(A/B 4) | Die Allgäuer Hallenkartbahn gilt als eine der renommiertesten Kartbahnen Deutschlands. In modernen, gasbetriebenen Karts geht es auf der 430 m langen Strecke durch die 6000 m² große Halle. Für Sie heißt das: Adrenalin pur. Mit den 9 PS starken Karts können Sie ordentlich Gas geben und um die Kurven heizen. Die exakte Zeitmessungsanlage verrät Ihnen, wie es um Ihre Konkurrenz bestellt ist.

Daniel-Kohler-Straße 2
D-87600 Kaufbeuren
Tel. +49 8341 94959
www.all-kart.de

AKTIV

Für vielseitigen Freizeitspaß

Bayern wie im Bilderbuch. So präsentiert sich die Region rund um Landsberg am Lech und den Ammersee mit Angeboten auf, im und rund um das Wasser. Die Palette an Freizeitmöglichkeiten ist vielfältig. Die Seen präsentieren sich dabei nicht nur als Badeparadies, sondern auch als Schaustätte für diverse andere Wassersportarten wie Segeln oder Stand-Up-Paddling. Indoor kann man in der Therme Bad Wörishofen Südseefeeling schnuppern. Wer das Wasser lieber aus der Ferne beobachtet, schnappt sich einen Golfschläger.

SEGELN AM AMMERSEE (H 2–4) | Bereits vom Ufer aus ist es ein Schauspiel, wenn man die Segelboote bei ihren Törns beobachtet und zusieht, wie der Wind die Segel aufbläst und die Boote auf dem Wasser vorantreibt. Noch spannender ist es aber naturgemäß, wenn man selbst im Segelboot sitzt! Am Ammersee können Interessierte Kurse in der Segel- und Motorsportschule Klaus Marx in Utting absolvieren und dabei lernen, auf eigenen „Seebeinen" zu stehen. Wer nach dem Kurs nicht genug hat, kann nach Feierabend eine Segelstunde anhängen. Neben dem Dampfersteg können Erfahrene von Ostern bis Ende Oktober die diversen Boote auch ausleihen.

Tel. +49 8806 7704
www.segelschulemarx.de

THERME BAD WÖRISHOFEN (A 3) | Südseefeeling inmitten des Allgäus kommt in der Therme Bad Wörishofen auf. Das Thermalheilbad besticht mit exotischem Ambiente, einer lichtdurchfluteten Kuppel, die an warmen Sommertagen geöffnet wird, Palmen und ein staatlich anerkanntes Heilwasser, das eine Wohltat für den Körper ist. Die Therme Bad Wörishofen ist Erwachsenen (ab 16 Jahren) vorbehalten. Samstags öffnet sie allerdings Familien ihre Pforten. Zu den Highlights zählen das Außenbecken mit Strömungskanal direkt im Thermensee, der Tempel mit Wasserfall, der Salzstadl mit natürlichen Salzsteinen aus Himalaya-Salz u. v. m.

Thermenallee 1
D-86825 Bad Wörishofen
Tel. +49 8247 399300
www.therme-badwoerishofen.de

STAND-UP-PADDLING (H 2–4) | Stehpaddeln, besser bekannt als Stand-Up-Paddling erfreut sich auch in Bayern immer größerer Beliebtheit. Auch am Ammersee kann man diesem großartigen Workout nachgehen, das nicht nur eine Wohltat für den Körper ist, sondern auch großartige Ausblicke auf die Landschaft bietet. Gleich vier Stationen bieten Kurse bzw. den Verleih des notwendigen Materials an: Das SUP-Center Ammersee in Utting, SUP-Mobile, die SUP- und Surfschule Müller sowie die Segelschule Marc in Diessen. Wer es also abseits von Surfen und Segeln ein wenig ruhiger angehen möchte, sollte Stand-Up-Paddling in jedem Fall einmal ausprobieren.

www.steinlechner-bootswerft.de/kurs-anfrage-sup.html
www.supmobile.de
www.ammersee-segelschule.de
www.skischulemueller.de

GOLFEN (A 3 + I 2) | Golfer haben die Qual der Wahl: Rund um den Ammersee warten im Umkreis von nur 25 km gleich 12 Golfplätze auf Freunde des Golfsports. Im Ausschnitt der Wanderkarte Ammersee liegt etwa der naturverbundene 18-Loch-Meisterschaftsplatz des Golfclubs Wörthsee. Aber auch im westlichen Kartenausschnitt können Golfer ihrem Hobby im Golfclub Bad Wörishofen nachgehen.

Golfclub Wörthsee e. V.
Gut Schluifeld
D-82237 Wörthsee
Tel. +49 8153 934770
www.golfclub-woerthsee.de

Golfclub Bad Wörishofen e.V.
Schlingener Straße 27
D-87668 Rieden
Tel. +43 8346 777
www.golfclub-bad-woerishofen.de

STRANDBÄDER AM AMMERSEE | Wer am Ammersee zur warmen Jahreszeit eine Runde baden gehen möchte, ist gut bedient, das Ostufer aufzusuchen, denn am Westufer ist der Zugang zum Wasser bis auf kurze Strecken für die Allgemeinheit gesperrt und auch im Süden ist wegen des Naturschutzgebiets Südufer kein Seezugang vorhanden. Am Ostufer gibt es jedoch reichlich Gelegenheit ins kühle Nass zu springen, etwa die Herrschinger Bucht, der Riederwald oder in Stegen, wo das Ufer längere Zeit relativ flach in den See führt. Daneben gibt es in den Orten die Badestrände wie etwa das Strandbad Utting oder jenes in St. Alban.

WÖRTHSEE (H/I 2) | Der Wörthsee ist ein beliebtes Ziel im Sommer wie im Winter. Anders als seine großen Nachbarn Ammersee und Starnberger See erwärmt er sich während des Sommerhalbjahrs rascher und stärker und verfügt daher über angenehme Badetemperaturen. Im Winter hingegen friert der See in regelmäßigen Abständen durch seine geringe Tiefe für einige Zeit zu und kann – nach Freigabe – zum Schlittschuhlaufen und Eishockey-Spielen genutzt werden. Mitunter trifft man bei geeigneten Bedingungen sogar auf Eissegler! Zu jeder Jahreszeit bietet sich ein Spaziergang an seinem Ufer an – die Strecke zur Umrundung ist rund 10 km lang.

KINDER

Für kleine Helden

Auf diesen zwei Seiten haben wir Ihnen einige Ausflugshits für die ganze Familie zusammengestellt. Eine Schifffahrt auf dem Ammersee sollte man in keinem Fall verpassen! Aber auch sonst wird einiges geboten für den Urlaub mit Kind und Kegel.

SEESCHIFFFAHRT (H/I 2–4) | Schifffahrten machen meist nicht nur den Kindern, sondern auch den Erwachsenen Spaß. Auf dem Ammersee verkehren reguläre Passagierschiffe (Frühling bis Herbst) der Bayerischen Seenschifffahrt. Die Mitnahme von Fahrrädern ist in begrenztem Umfang möglich, so lässt sich eine Fahrt mit dem Schiff schön mit einer Radtour kombinieren, herrliches Alpenpanorama inklusive. Erlebnis- und Charterfahrten können reserviert werden. auf dem Ammersee werden Rundfahrten unterschiedlicher Länge angeboten.

Tel. +49 8143 94021
www.seenschifffahrt.de

STAND-UP-PADDLING FÜR KIDS (H 2) | Stand-Up-Paddling ist prinzipiell einfach zu erlernen und macht schnell viel Spaß. Speziell für Kinder wird am Ammersee ein Kurs hierfür angeboten, das Mindestalter für die Teilnehmer liegt bei 9 Jahren, Voraussetzung ist natürlich sicheres Schwimmen. Das spezielle Coaching für Kinder vermittelt das Handling von Board und Paddeln, das Aufsteigen auf das SUP, Wendemanöver, das Anlanden und Sicherheitsaspekte. Planschen, Spaß und Action kommen dabei natürlich nicht zu kurz. Die Ski- und Surfschule Müller bietet aber auch Windsurf-Kurse sowie den Verleih von Tandem-Kajaks an.

SUP- und Surfschule
Freizeitgelände an der Kaagangerstraße
D-82279 Eching am Ammersee
Tel. +49 8141 16988
www.skischulemueller.de

PONYHOF PFLAUMDORF (G 2) | Auf dem Ponyhof Pflaumdorf strahlen Kinderaugen! Denn hier dürfen die Kleinen mit den Ponys und Kleinpferden spazieren gehen durch den wunderschönen Wald rund um Pflaumdorf – und das zu jeder Jahreszeit. Sollte das Wetter einmal nicht mitspielen, kann das Erlebnis mit den liebevollen Tieren auch in die Reithalle verlegt werden. Zudem bietet der Ponyhof Pflaumdorf regelmäßig Kinder- und Jugendreitkurse an, bei denen Kinder ab 7 Jahren allerhand über Ponypflege, Satteln, Aufzäumen und den Umgang mit Pferden lernen. Für die ganz Kleinen gibt es spezielle Zwergerlkurse, die in Begleitung von Erwachsenen abgehalten werden.

Beuerner Straße 7
D-86926 Pflaumdorf
Tel. +49 8193 1070
www.ponyhof-pflaumdorf.com

ALLGÄU SKYLINE PARK (A 2) | Er ist Bayerns größter Freizeitpark und wartet mit über 60 Attraktionen auf. Kein Wunder, dass es Familien in den Allgäu Skyline Park bei Bad Wörishofen zieht. Passend für alle Altersstufen und das Mutlevel gibt es aufgeteilt auf die drei Themen Kinder-Hits, Familien-Spaß und Adrenalin Pur passgenaue Attraktionen wie Kinderkarussells, Wildwasserrutschen und Achterbahnen. Alle Attraktionen sind im Eintrittspreis enthalten.

Skyline-Park-Straße 1
D-86871 Rammingen
Tel. +49 8245 96690
www.skylinepark.de

WALDLEHRPFAD BURGWALD DIESSEN (G 4) | Stellt euch vor, dass in einer Hand voll Waldboden Millionen Lebewesen wohnen! Wisst ihr, dass der Wald ganz wichtige Aufgaben wie Naturschutz oder Wasserschutz erfüllt und dass auch Totholz voller Leben steckt? Auf dem 2,5 km langen Rundgang, der am Burgwald-Wanderparkplatz am südwestlichen Ortsrand von Dießen startet, erfahren Kinder und Erwachsene allerhand Spannendes über den Wald und seine Bewohner. Die 14 Stationen laden auch dazu ein, den Wald spielerisch zu erkunden. Insgesamt sollten für den Weg und die Stationen rund 1 ½ Stunden eingeplant werden. Auf halbem Weg bietet sich übrigens ein herrlicher Panoramablick auf die Bayerischen Alpen!

PUPPENSPIEL KAUFBEUREN (A 4) | Ein Zauber liegt in der Luft, sobald die Marionetten und Stabfiguren im Puppentheater Kaufbeuren Märchen und klassische Stücke wie Peterchens Mondfahrt oder Rotkäppchen zum Leben erwecken. Die Saison geht von Oktober bis April, währenddessen werden wechselnde Stücke aufgeführt. Ebenfalls märchenhaft geht es im Puppentheatermuseum zu, das eine Drehorgelausstellung, Musikapparate, eine Märchenkutsche, Papiertheater, Europäisches Puppentheater sowie Puppenspiel, Musik und Tanz aus Südostasien zeigt.

Theater: Wagenseilstraße 14a
Museum: Ludwigstraße 41a
D-87600 Kaufbeuren
Tel. +49 8341 2555 (Theater)
Tel. +49 8341 14121 (Museum)
https://puppentheater-kaufbeuren.de

NATUR

Für vielfältige Entdeckungen

Die Natur hat es hier gut gemeint und nicht gegeizt mit Schönheiten – soweit das Auge reicht. Der Wildfluss Lech, große und kleine Seen, winzige Weiher, eine abwechslungsreiche Hügel- und Moränenlandschaft, freie Aussichtspunkte, das gepflegte Bauernland... Am besten, Sie schnüren sich die Wanderschuhe und erkunden die Gegend sofort!

LECHERLEBNISWEG (D/E 2–4) | Es ist die beinahe unberührte Fluss- und Seenlandschaft, die den LechErlebnisWeg zu einem besonderen Natur-Erlebnis macht. Darüber hinaus sind es die historischen Altstädte von Landsberg, Schongau und Füssen sowie die kleinen, gemütlichen Orte, die den besonderen Flair dieses Weges ausmachen. Der Fernwanderweg verbindet Landsberg am Lech mit dem 85 km entfernten Füssen. Die Route, die sich idealerweise in fünf Tagesmärsche aufgliedern lässt, ist bestückt mit Erlebnisstationen, die den Wanderern die Natur noch näher bringen. Die erste Etappe führt von Landsberg dem Flussverlauf weitgehend entlang nach Epfach. (Strecke 20 km, Gehzeit 6 Stunden). Hier sollten Sie das Museum Abodiacum besichtigen.

SONNENUNTERGANG AM AMMERSEE | Nicht nur Verliebte genießen den Anblick des Sonnenuntergangs am Ammersee – die Romantik ist kaum zu übertreffen. Vom Ufer aus kann man gemütlich bei einem Glas Wein das Spektakel beobachten. Besonders eindrucksvoll zeigt sich dieses jedoch vom Wasser. Wahlweise kann man in den Sommermonaten mit dem Ammersee-Dampfer zum Sonnenuntergang übers Wasser schippern oder – wer es etwas privater mag – mietet sich ein Boot, etwa beim Bootsverleih Ernst in St. Alban, beim Bootsverleih Stumbaum in Herrsching oder beim Bootsverleih Ernst in Utting und genießt die romantische Zweisamkeit auf dem Wasser.

PÄHLER SCHLUCHT (I 4) | Die Pähler Schlucht ist insbesondere durch ihren 16 m hohen Wasserfall bekannt, wurde 1983 als Naturschutzgebiet ausgewiesen und ist als Geotop geschützt. Eine Wanderung zum Wasserfall des Burgleitenbachs zählt zu den schönsten Naturerlebnissen rund um den Ammersee. Der steile Pfad verläuft auf nicht befestigten Wegen durch die Schlucht und erfordert daher unbedingt Trittsicherheit sowie gutes Schuhwerk. Außerdem sollte man damit rechnen, dass die Füße auf der Wanderung mal nass werden können.

SCHACKY-PARK (H 4) | Anfang des 20. Jahrhunderts, genauer gesagt 1904, erfüllten sich die Barone von Schacky hier am Ammersee einen lang gehegten Traum: Sie erwarben ein Grundstück am südlichen Ortsrand von Dießen und legten darauf einen Englischen Garten an, der seit 2005 vom Förderkreis Schacky-Park Dießen am Ammersee e.V. gepflegt wird. In der Parkanlage findet sich eine italienische Landschaft mit Brunnen, Statuen, Vasen und mediterran anmutenden Pflanzen, einen Bereich mit Streuobstwiesen und einem Teich. Über den wildromantischen Flechtgraben gelangt man zu einem asiatisch anmutenden Teehaus.

www.schacky-park.de

ANGELN AM AMMERSEE | Das Angeln bietet eine ausgezeichnete Gelegenheit, um in aller Ruhe den idyllischen Ammersee auf sich wirken zu lassen und die Natur zu genießen. Voraussetzung für das Fischen ist ein vorhandener Angelschein, den Sie bei der jeweiligen Gemeinde beantragen können sowie der Nachweis über die bestandene Fischereiprüfung. Angelkarten und Tagesscheine erhalten Sie bei der Fischerei Gastl in Dießen, im Café Forster in Schondorf und in den Fischereien Ernst und Marx in Utting sowie bei der Fischmeisterei im Freizeitgelände Utting.

LECHPARK PÖSSINGER AU (D/E 2) | Südlich von Landsberg lädt der Lechpark Pössinger Au am orografisch rechten Lechufer ein, die Natur zu genießen. Das Landschaftsschutzgebiet ist Heimat zahlreicher Tier- und Pflanzenarten, die mitunter selten geworden sind. Die Wald-, Wiesen- und Auenlandschaft bietet besondere Erholung. Familien erfreuen sich am Wildpark mit dem Naturlehrpfad, dem Wildschweingehege sowie dem Wasserspielplatz. Außerdem befindet sich im Lechpark Pössinger Au ein Kneippbecken und ein Barfußweg. Ebenso sehenswert ist die Teufelsschlucht, die zum Teufelsloch führt und Blick auf das türkisfarbene Wasser des Stausees bietet.

SCHLECHTWETTER

Für alternative Unternehmungen

Die Region um Landsberg am Lech und den Ammersee bietet auch kulturell einige echte Highlights, so etwa das Kloster Andechs, das Künstlerhaus Gasteiger oder das Carl-Orff-Museum. Bei schlechtem Wetter brauchen Sie sich also nicht zu sorgen. Außerdem ist die Stadt Landsberg am Lech mit ihrer über 850-jährigen Geschichte, ihren historischen Gebäuden, Türmen und Toren einen Besuch wert.

CARL-ORFF-MUSEUM (G/H 3/4) | Das Chorwerk „Carmina Burana" ist wohl selbst Nicht-Musikern ein Begriff. Der Komponist Carl Orff erlangte mit diesem Werk Weltruhm. In Dießen ist dem bayerischen Künstler ein Museum gewidmet, das anhand von Schautafeln mit Bildern, Texten, Noten und Handschriften sein Leben und Werk vorstellt. Selbstverständlich haben Museumsbesucher auch Gelegenheit, in Musikbeispiele hineinzuhören. Außerdem wird sein in über 30 Ländern präsentes Orff-Schulwerk der elementaren Musikerziehung erlebbar gemacht. Öffnungszeiten jeden dritten Sonntag im Monat.

Hofmark 3
D-86911 Dießen am Ammersee
Tel. +49 8807 91981
www.orff.de

KÜNSTLERHAUS GASTEIGER (G/H 3) | Der Bildhauer Mathias Gasteiger (1871–1934) zählt zu den bedeutenden Münchner Künstlern um 1900. Von 1902 bis 1913 ließ er in Holzhausen am Ammersee einen Künstlersitz mit Wohnhaus im Münchner Jugendstil errichten. Zu sehen sind die originale Jugendstilausstattung, Fotografien sowie Skulpturen des Künstlers und Gemälde seiner Frau Anna Sophie Gasteiger. Das Künstlerhaus wird umgeben vom Künstlergarten, den seine Frau anlegen ließ und in dem sie selbst zahlreiche Blumenbilder gestaltete. Auch Mathias Gasteiger diente die Anlage als Atelier im Freien.

Eduard-Thöny-Straße 43
D-86919 Holzhausen
Tel. +49 8806 699
www.schloesser.bayern.de/deutsch/schloss/objekte/gasteig.htm

KLOSTER ANDECHS (I 3) | Der weithin sichtbare „Heilige Berg“ über dem Ostufer des Ammersees ist seit fast 900 Jahren ein beliebtes Pilgerziel und damit ältester Wallfahrtsort Bayerns. Als Ort der Begegnung ist das Kloster Andechs mit Brauerei, Bräustüberl, Klostergasthof und Brennerei ausgestattet. Dazu wird ein reichhaltiges Kulturprogramm geboten – vor allem in den Räumlichkeiten des Fürstentraktes und im Florian-Stadl. Nach dem Besuch des Klosters lohnt es sich, den Andechser Höhen bei der Kapelle am Stephansbühel (729 m) einen Besuch abzustatten – am besten zu Fuß oder per Rad.

Kloster Andechs
Bergstraße 2
D-82346 Andechs
Tel. +49 8152 376-0
www.andechs.de

FRITZ-WINTER-ATELIER (G/H 3/4) | Der 1905 geborene und 1976 in Herrsching am Ammeree verstorbene Maler Fritz Winter zählt zu den wichtigsten abstrakten Künstlern der Nachkriegszeit. Sein Großneffe, Michael Gausling, leitet das vormalige Atelier seines Großonkels heute als Galerie und zeigt neben wiederkehrenden Ausstellungen von Fritz Winter, seinen Zeitgenossen und Meisterschülern auch die Werke anderer moderner und zeitgenössischer Künstler sowie im Außenareal diverser Bildhauer.

Forstanger 15a
D-86911 Dießen am Ammersee
Tel. +49 8807 4559
www.fritz-winter-atelier.de

MALURA MUSEUM (D 3) | Der Maler Oswald Malura (1906–2003), treibender Motor der Schwabinger Künstlerszene der Nachkriegszeit sanierte 1977 eine Bauernhausruine in Oberdießen zum Kulturhaus. Seit 1993 zeigt das Malura Museum sein Lebenswerk. Besichtigungen jederzeit nach Vereinbarung.

Malura Museum
Mühlweg 2
D-86944 Oberdießen bei Landsberg
Tel. +49 8243 3638
www.oswald-malura.de

STADTMUSEUM KAUFBEUREN (A 4) | Im Stadtmuseum Kaufbeuren lässt sich die Entwicklung Kaufbeurens als städtisches Zentrum im Allgäu von der oberschwäbischen Reichsstadt bis zur bayerischen Kleinstadt in der Zeit der Industrialisierung verfolgen. Die Dauerausstellung zeigt Kaufbeuren als Zentrum der Textilherstellung, seine ausgeprägte Konfessionskultur, eine einmalige Kruzifixsammlung, protestantische Hinterglasbilder, das ländliche Leben der Jahrhundertwende anhand von Bauernstuben und widmet sich der Literaturgeschichte der Stadt.

Kaisergäßchen 12–14
D-87600 Kaufbeuren
Tel. +49 8341 9668390
www.stadtmuseum-kaufbeuren.de

KOMPASS
KOMPASS
Wanderführer + Extra-Tourenkarte
5411
Schwarzwald Süd
mit Naturpark, Kaiserstuhl und Markgräflerland
Extra-Tourenkarte
2in1
zum Mitnehmen
60 Touren
Walter Theil
www.kompass.de

WANDERTOUR 1

STEGEN – BREITBRUNN • 601 m

1

Zwischen Ammersee und Wörthsee

13,3 km 4:30 h 220 hm 220 hm

Diese Tour finden Sie im Planquadrat H 2
Leichte Tour 2 aus dem Wanderführer Pfaffenwinkel, Fünfseenland mit Starnberger See und Ammersee (5433)
Autor: Siegfried Garnweidner

START | Stegen, Fischerwirt, 530 m.
CHARAKTER | Interessante, unschwierige Rundwanderung mit längeren Waldetappen bis Breitbrunn und einem großartigen Seeuferweg zurück nach Stegen.

Vom Fischerwirt in Stegen geht es erst einmal auf der Landsberger Straße nach Südosten am Badegelände entlang. Man folgt dem Seeuferweg, bis nach links die Bergstraße abzweigt. Auf ihr ziemlich steil nach Osten hinauf, bei der Kreuzung auf der Scheitelstrecke schräg links abbiegen, in einem Rechtsbogen auf der Schornstraße zum Sportzentrum hinab und weiter zur Staatsstraße 2067. Diese queren wir beim Supermarkt und folgen der Straße „Obere Mühle", von der wir hinter der Brücke rechts abbiegen. Wir wählen den linken der beiden Kieswege, der auf einem Hang ansteigt. Man kommt an einem kleinen Waldweiher vorbei und hält sich bei der Einmündung auf freiem Feld rechts. Dann geht es auf einem Steg über den kristallklaren Inninger Bach,

Blick von Breitbrunn über den Ammersee nach Schondorf.

Der Ammersee in Breitbrunn.

in den Wald hinein und zu einem Sträßchen. Dieses queren wir schräg rechts und folgen einem Wurzelweg nach links zum Kühberg. Bei der folgenden Kreuzung auf einem flachen Wegstück geradeaus weiter und auf einem Forststräßchen nach Süden dahin.

Auf dem Kühberg geht es am Waldrand entlang zur Staatsstraße 2070. Wir biegen unmittelbar vor der Straße links ab und gehen auf der Wallerstraße gegen Osten bis zum südlichen Ortsrand von Bachern.

Bei der Bushaltestelle biegt man links ab, folgt nur kurz der Asphaltstraße und geht dann scharf nach rechts in die Aitelstraße. Vom Straßenende auf einem Waldweg zum Erholungsgebiet am Wörthsee weiter. Nun der Länge nach durch das Badegelände, in den Wiesen nach rechts auf einen Kiesweg einbiegen und beim Parkplatz zur Autostraße hinaus. Diese vorsichtig queren, in den Wald hinein und auf einer Forststraße bis zur Einmündung am Waldrand. Dort muss man scharf rechts abbiegen, im Schlagenhofer Buchet zur Verzweigung neben der Wasserfassung und dort die rechte Fahrspur wählen, die sogleich zu einem großen Holzplatz führt. Dort biegt man links ein, folgt der langen Fahrspur über den Jaudesberg und kommt durch eine Rechtskurve nach Breitbrunn hinab.

Im Ort auf der Jaudesbergstraße bis zur Münchner Straße. Auf sie links einbiegen, etwas abwärts und nach rechts auf den Franz-Utz-Weg, den man aber gleich wieder verlässt, um nach rechts auf einen Fuß- und Radweg einzubiegen. Anschließend hält man sich links auf die Seeleite, von der man bei der Seglervereinigung Breitbrunn nach links in Richtung Fußweg nach Buch abbiegt.

Am Ammerseeufer rechts halten, um auf einem schmalen, stellenweise sehr nassen, aber abwechslungsreichen Wanderweg nach Osten, am Campingplatz vorbei, weiterzugehen. Hinter Buch wird der Weg noch enger und dann muss man an beschilderter Stelle das Ufer verlassen. Es geht ein wenig nach rechts hinauf und dann nach links auf schönem Wanderweg in mehrmaligem Auf und Ab und über etliche Stege bis Stegen zurück.

WANDERTOUR 2

STEINGASSENBERG • 624 m

2

Vom Türkenfeld nach St. Ottilien

9,3 km 3:00 h 120 hm 120 hm

Diese Tour finden Sie im Planquadrat G 2
Leichte Tour 1 aus dem Wanderführer Pfaffenwinkel, Fünfseenland mit Starnberger See und Ammersee (5433)
Autor: Siegfried Garnweidner

START | S-Bahnhof Türkenfeld, 599 m.
CHARAKTER | Grundsätzlich einfache Rundwanderung. Allerdings gibt es ein paar Waldetappen, die gutes Orientierungsvermögen verlangen.

▶ Vom S-Bahnhof Türkenfeld gehen wir auf die Südseite der Bahnstrecke und biegen auf die St.-Ottilien-Straße ein. Auf ihr gehen wir zum Ortsrand von Türkenfeld und treffen auf den Brandwald. Dort halten wir uns rechts und sogleich schräg links in den Wald hinein. Bei der Infotafel des Türkenfelder Walderlebnispfades geht man geradeaus auf einem guten Waldweg weiter und gegen Südwesten durch den schönen Wald dahin.

Bei einer Kapelle am Waldrand erreicht man einen Rastplatz und wieder die Asphaltstraße, der man neben dem Wald Buchet nach Südwesten bis zur Verzweigung hinter der Kiesgrube Pflaumdorf folgt. Bei der Straßengabelung halten wir uns rechts, gehen wieder in den Wald hinein und ein wenig abwärts. Am Ende des Waldes stoßen wir zu einer Verzweigung, wo wir uns rechts halten. Schon bald kann man links neben der Autostraße auf einen Fußweg ausweichen, dem man über das Bahngleis bis Sankt Ottilien folgt.

Nach der Besichtigung der Klosteranlage und der Klosterkirche statten wir noch dem Wirtshaus Emminger Hof einen Besuch ab und gehen nach Os-

Winterwald bei St. Ottilien.

St. Ottilien.

ten, dann nach Norden am Hofladen vorbei und auf einer schnurgeraden Allee aus Sankt Ottilien hinaus. Kurz vor Geltendorf wandern wir durch die Bahnunterführung und auf dem Guggenbergweg bis zum Waldrand, wo man rechts abzweigt.

Anschließend folgen wir Feld- und Waldwegen am Guggenberg nördlich vorbei, queren eine Autostraße und halten uns gleich hinter ihr schräg links, um auf einem Forstweg in das Pleitmannswanger Holz zu gehen.

Bei einer Forstwegekreuzung biegen wir schließlich rechts ab und gehen auf Traktorspuren bis zu einem kleinen Waldweiher. Gleich neben ihm finden sich mitten im Wald etliche bronzezeitliche Hügelgräber. Im weiteren Verlauf kommen wir wieder zu einer Forststraße, halten uns links, bei der nächsten Verzweigung rechts und gleich darauf wieder rechts. Anschließend folgen wir dem Waldrand, drehen nach rechts ab, um über eine Wiese zum Steingassenberg anzusteigen. Auf dem Berg scharf rechts abbiegen, am Steingassenkreuz vorbei und nach links am Rande des Wildgeheges einen flachen Hang bis zu einem Querweg hinunter.

Auf den Querweg rechts einbiegen, bei der nächsten Abzweigung links und zum Ortsrand von Türkenfeld. Dort auf dem Duringveld links in den Siedlungsbereich einbiegen und durch ihn bis zum S-Bahnhof, wo man den Ausgangspunkt wieder erreicht.

WANDERTOUR 3

HERRSCHING – ANDECHS • 722 m

Von Herrsching auf den Heiligen Berg

8,8 km · 2:30 h · 280 hm (Aufstieg) · 280 hm (Abstieg)

Diese Tour finden Sie im Planquadrat H/I 3
Leichte Tour 12 aus dem Wanderführer Pfaffenwinkel, Fünfseenland mit Starnberger See und Ammersee (5433)
Autor: Siegfried Garnweidner

START | Bahnhof Herrsching, 538 m.
CHARAKTER | Leichte Wanderung.

Den einen interessiert die großartige Rokokokirche, den anderen die hochkarätigen Kulturveranstaltungen und fast alle das Bierstüberl und der Biergarten beim Kloster Andechs. Nicht nur das Bier, auch Schweinshaxen, Leberkäs und Andechser Käse haben es zu Recht zu Weltruhm gebracht und deshalb kommen enorm viele Besucher. Viele von ihnen kommen mit der S-Bahn und gehen zu Fuß zum Heiligen Berg und das ist vernünftig. Denn mit dem wohlschmeckenden Andechser Bier respektive seinem Alkohol im Blut darf man nicht mehr Auto fahren und vom Bahnhof in Herrsching, wo man kaum parken kann, gibt es zwei Wege nach Andechs. Der Anmarsch am Hörndlweg ist gerade so lang, dass man in seiner Vorfreude nicht zu extrem auf die Folter gespannt wird und der landschaftlich noch schönere Rückweg durch das Kiental ist genau recht zum Auslüften, wenn man dem süffigen Bier zugesprochen hat. Während es am Hörndlweg kaum Sitzgelegenheiten gibt (es pressiert ja nach Andechs), findet man am Rückweg für den müden Wanderer und gestressten Biergartenbesucher jede Menge Rastplätze.

▶ Vernünftigerweise reist man mit der S-Bahn an, kommt aus dem Bahngelände heraus und über die Bahnhofstraße zur Tourismusinformation (Verkehrszentrale). Ein paar Meter nach Süden und gleich gegen Osten abdrehen, um dem Fußweg nach Andechs auf der Fischergasse zu folgen. Dann links auf die Mühlfelder Straße abbiegen und vor dem Gasthaus zur Post rechts haltend am Bach zur Andechsstraße.
Bei der goldenen Mariensäule rechts abzweigend dem Wegweiser zum Hörndlweg folgen. Er biegt sogleich links auf die Leitenhöhe ab, auf der man durch ein mondänes Villenviertel zur Abzweigung des Adolf-Ockert-Wegs ansteigt. Bei dieser Abzweigung links weiter, aus dem Ort hinaus und in den Wald. In einer Lichtung gabelt sich der Weg. Dort links weiter hinauf, an der folgenden Verzweigung noch-

Die Klosterkirche von Andechs.

mals links und auf einem deutlich ausgeprägten Höhenrücken dahin. Dann wechselt man nach links auf einen etwas breiteren Weg und folgt ihm in eine lang gezogene Waldlichtung. Dort sieht man erstmals durch die Bäume die wuchtige Klosterkirche von Andechs am Heiligen Berg thronen.

Wir wandern durch eine parkähnliche Landschaft zu den ersten Häusern von Erling und gleich nach links auf den Wartaweiler Weg, der gegen Osten abfällt. Er schnürt sich zu einem Pfad zusammen und fällt über viele Treppenstufen ins Kiental ab.

Im Talgrund, unmittelbar bei einem Wasserfall auf einer Brücke den Bach queren, dann links und gegen Norden direkt zur Klosterkirche Andechs hinauf. Den Weg in den Biergarten oder ins Bierstüberl wird – auch ohne Routenbeschreibung – kaum jemand verfehlen.

Zurück folgt man nur kurz dem Aufstiegsweg. Schon nach der ersten Treppenetappe zweigt man bei der kleinen Kapelle rechts ab und geht neben der Klostermauer nach Westen hinunter. An der Verzweigung links und zum Brunnen mit der neugotischen Kapelle. Von diesem schönen Rastplatz nach Süden weiter, bis der Aufstiegsweg erreicht ist. Auf ihm ins Kiental hinab und rechts abzweigen. In der tiefen Bachschlucht, eingesäumt von markanten Nagelfluhfelsen nach Norden bis Herrsching talaus, wo auf der Andechsstraße der Zuweg erreicht wird. Auf ihm zum Bahnhof zurück.

Auf dem Hörndlweg von Herrsching nach Andechs.

WANDERTOUR 4

WINDACHSPEICHER • 650 m

Rundwanderung um den Windachspeicher

7,9 km · 2:30 h · 140 hm · 140 hm

Diese Tour finden Sie im Planquadrat F 3
Mittelschwere Tour 5 aus dem Wanderführer Pfaffenwinkel, Fünfseenland mit Starnberger See und Ammersee (5433)
Autor: Siegfried Garnweidner

START | Parkplatz beim Windachspeicher, 635 m.
CHARAKTER | Ein kurzes Stück auf der Westseite des Windachspeichers geht es über einen steilen, fast unwegsamen Waldhang. Der Rest ist einfach. Nur kurze Waldetappen und schöne Ausblicke.

Vom Parkplatz bei der Windachsee Alm geht man über den Stauwall und zum nördlichsten Seezipfel. Dort geht man durch eine Rechtskurve, am Betriebsgebäude vorbei und dahinter scharf links auf den asphaltierten Radweg. Er steigt ein wenig an und beschreibt eine Rechtskurve. In dieser

Vorfrühling am Windachspeicher.

Kurve biegt unser Rundweg links ab, führt auf einem Kiesweg in den Wald hinein und fällt zum Stausee ab. Anschließend folgen wir dem Seeufer, zweigen dann nach rechts auf einen Waldweg ab, der kurz ziemlich steil und mühsam ansteigt. Dann stößt er wieder auf einen guten Waldweg. Er weitet sich zu einer Schlepperspur und dann zu einem Sträßchen, das durch freies und aussichtsreiches Wiesengelände nach Westen führt. Neben einem Stadel knickt dieses rechts ab. Wir halten uns dort links und folgen einer Traktorspur. Schließlich kreuzt sich diese mit einem schmalen Asphaltsträßchen. Dort zweigen wir wieder links ab und verlassen dieses Sträßchen am Ende eines schützenswerten Auwalds nach links auf einen Feldweg. Dieser bringt uns zu einem Rastplatz mit einem Wegkreuz. Gleich dahinter dreht er rechts ab und führt zum nördlichen Ortsrand von Obermühlhausen. Im Ort biegen wir auf die erste Straße links ein (Am Mühlbach), gehen aus Obermühlhausen hinaus, zur Windachbrücke und zu einer Autostraße. An ihrem Rand müssen wir nun rund 300 m weit nach Norden und verlassen sie in ihrer Rechtskurve geradeaus in das Landschaftsschutzgebiet Beurer Wald hinein. Der Weg dreht rechts ab und steigt an. In dieser Kurve gehen wir geradeaus weiter und folgen einem Waldweg. Auf ihm nähern wir uns dem Windachspeicher und folgen dem Wurzelpfad in ständigem Auf und Ab bis zum Badegelände und zum Ausgangspunkt.

Wanderer in der Nähe von Obermühlhausen/Windachspeicher.

Schneeglöckchen im Beurer Wald.

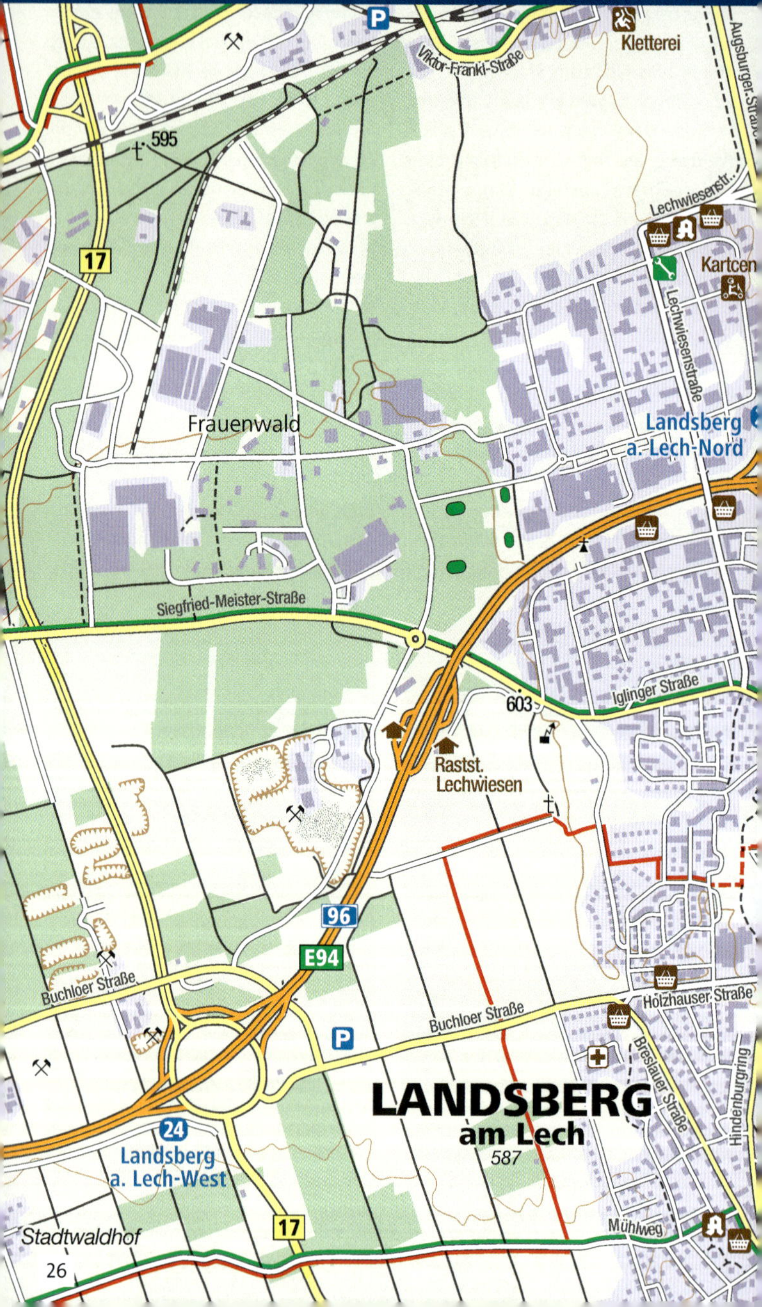
Kletterei
Viktor-Frankl-Straße
Augsburger Straße
595
Lechwiesenstr.
Kartcen
Lechwiesenstraße
17
Frauenwald
Landsberg a. Lech-Nord
Siegfried-Meister-Straße
Iglinger Straße
603
Rastst. Lechwiesen
96
E94
Buchloer Straße
Holzhauser Straße
Buchloer Straße
Breslauer Straße
Hindenburgring
LANDSBERG
am Lech
587
24
Landsberg a. Lech-West
17
Mühlweg
Stadtwaldhof

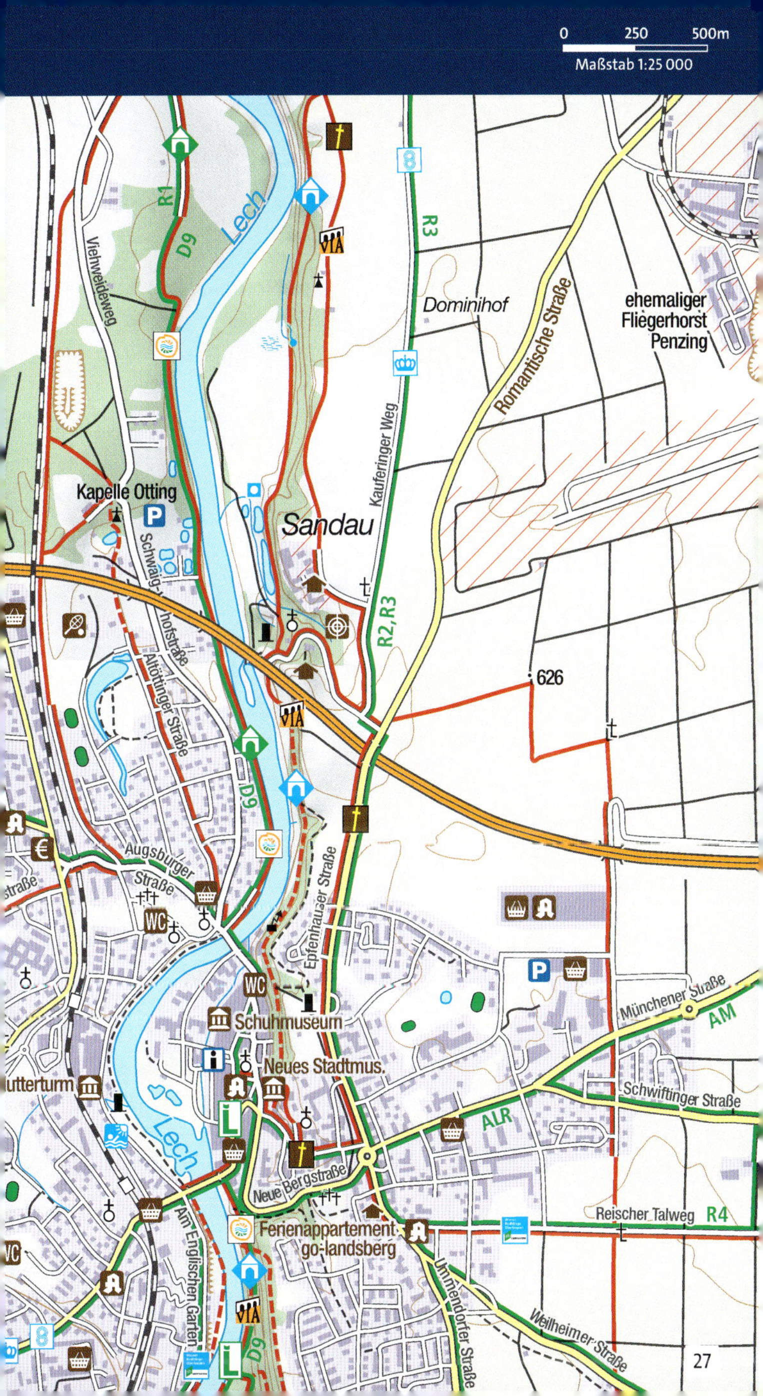
0
250
500m
Maßstab 1:25 000
Lech
R1
D9
R3
Viehweideweg
VIA
Dominihof
Romantische Straße
ehemaliger
Fliegerhorst
Penzing
Kauferinger Weg
Kapelle Otting
Sandau
Schwaighofstraße
R2, R3
Altöttinger Straße
626
Augsburger Straße
Epfenhauser Straße
WC
Schuhmuseum
Neues Stadtmus.
Münchener Straße
AM
Schwiftinger Straße
ALR
Neue Bergstraße
Reischer Talweg
R4
Ferienappartement
go-landsberg
Am Englischen Garten
Ummendorfer Straße
Weilheimer Straße

Eberhardt
96
E54
Fischer
Seehaus
Schreyegg
Silberfasan
Zur Post
Inning
am Ammersee
553
Grüner Hof
RMF
Stegen
WC
Herrschinger Str.
Bergstraße
AM
Ober-
mühle
A m m e r -
s e e
576
Bach
am Wö
Mutz
Café
Waldeck
Kühberg
588
Seefelder Straße
Buch
am Ammersee
553
Breitbrunner Straße
Strandweg
Thalbauer
604
Schlagenhofer
Buchet
Dorfstraße
Grünbichl
Wörthsee-Alm
Schlagen-
hofen
Münchener Straße
SH4
617
Jaudsberg
Breitbrunn
a. Ammersee
564
Sammers
598
586
Seeuferstraße
Seestraße
Rauscher Weg
Wasach

0 250 500m
Maßstab 1:35 000
Walchstadt
589
588
Vereinsheim
Waldbrunn
NSG
Schluifelder
Moos
Golfclub
Wörthsee
RPW
SH3
Schluisee
Gde.
Wörthsee
Krebsbach
Wörthseestraße
Etterschlager Straße
Vordere Seestraße
Seehaus
Raabe
Pension am See
Kuckuckstraße
Jägerstraße
Augustiner am Wörthsee
Steinebach
am Wörthsee
578
WC
Weßlinger Straße
RMF
AM
Jakl-Hof
P+R
Bhf. Steinebach
Höhenberg
635
Wörth-
see
577
Auing
Dietrich
Sepperlwirt
600
Meiling
591
(560)
Wörthseestraße
595
Wörthseebad-
Steinebacher Straße
584
Paradieswinkel
Steinebacher Weg
Güntering
Paradieswinkel
Gasthof Woerl
Aubach
Oberalting
572
Günteringer Str.
Inninger Straße
Bhf. Seefeld-
Hechendorf
Hart
Mühlbachstraße
Tenne
Am Oberfeld
Hechendorf
am Pilsensee
584
Seefelder Straße
Münchner Straße
Hauptstraße
SH2
Oberfeld
Alter Wirt
SH1
Dößlinger Straße
Pilsenhof
Seestraße
Schloss
Seefeld
Bräustüberl
Schloss Seefeld
Pilsen-
see
Schloss-
Park
Seefeld
570
29

3 Herrsching am Ammersee

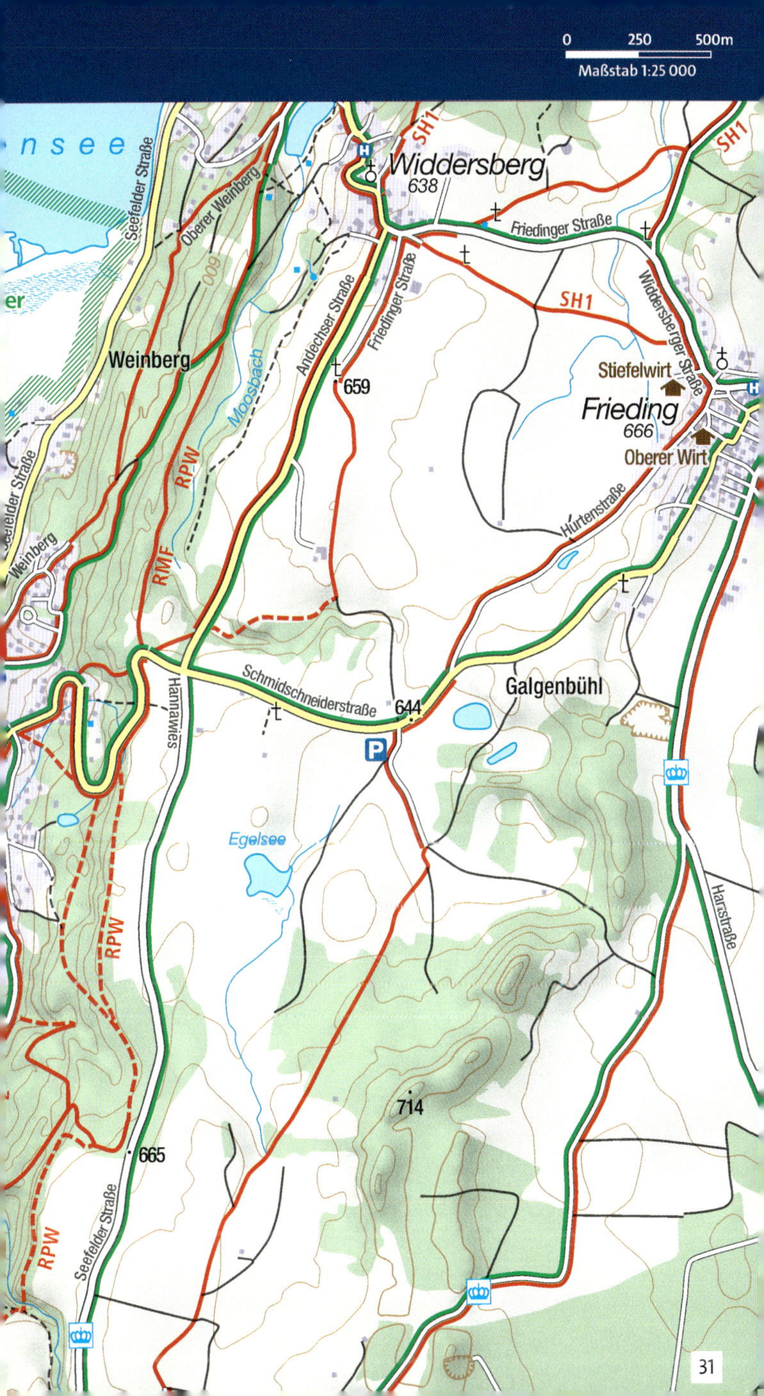
0
250
500m
Maßstab 1:25 000
nsee
Seefelder Straße
Oberer Weinberg
Widdersberg
638
SH1
Friedinger Straße
Andechser Straße
Friedinger Straße
Widdersberger Straße
659
Weinberg
Moosbach
RPW
RMF
Stiefelwirt
Frieding
666
Oberer Wirt
Hurtenstraße
Weinberg
Hannawies
Schmidschneiderstraße
644
Galgenbühl
Egelsee
Harsstraße
714
665
Seefelder Straße

4 Dießen am Ammersee

0
250
500m
Maßstab 1:25 000
Sankt Alban
Ammersee
Segelschule
Dießen
am Ammersee
544
Strandhotel
Naturbeobachtungsturm
Fritz-Winter-Atelier
Carl-Orff-Museum
Seefelder Hof
Drei Rosen
Maurerhansl
Georg-Gröbl-Str.
567
Lachener Straße
Oberer Albaner Weg
Seestraße
Krankenhausstraße
Johannisstraße
Jägerallee
Weilheimer Straße
Schlichergraben
Alte Ammer
NSG
Vogelfreistätte
Ammersee-
Südufer
Schacky-
Park
Kinderdorf
536
Probst-Herkulan-Karg-Str.
Vogelherdstraße
RPW
5,6
Langhütte
Ziegelstadl
St. Martin in Haedern
Dießener Straße
535
AA
Raistinger Straße
538
Rott
Rothbad

Staffelwald
Mülldeponie
Wertach
686
16
DAV-Klett
Kemnatbach
Eybach (Schinderbächlein)
CRP
Ölmühllang
Am Schloßfeld
Kohlenweg
Mindelheimer Straße
Am Staffelwald
Großkemnat
730
CRP
Wartturm
800
Schönblick
Kemnater Straße
Weidachweg
720
Puppentheater-museum
WC
Skihütte
Naturpfad Via Aqua
Kemptener Straße
Alte Steige
Lindauer Str.
Zum Grund
OBER-BEUREN
St.-Cosmas-Str.
Tiroler Straße
Apfeltranger Straße

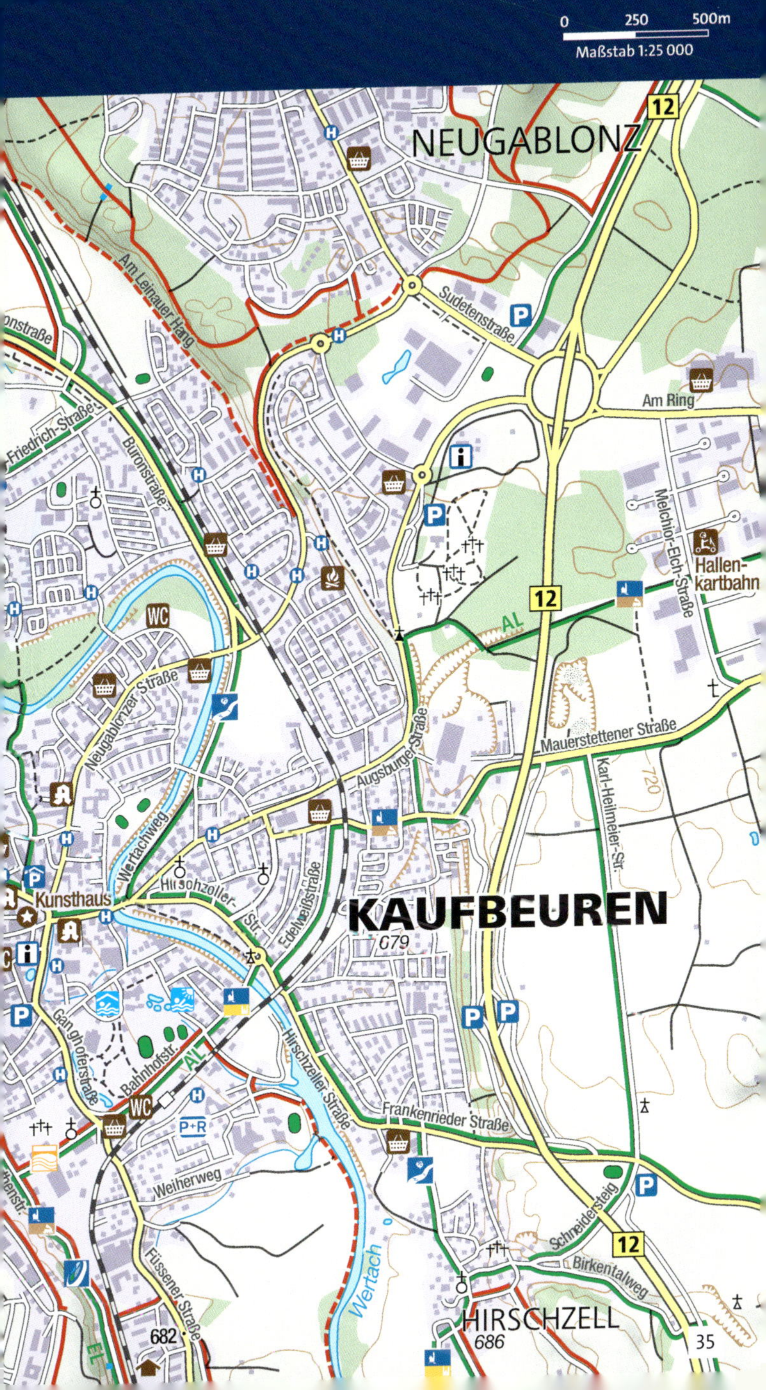
0
250
500m
Maßstab 1:25 000
NEUGABLONZ
12
Am Leinauer Hang
Sudetenstraße
onstraße
Friedrich-Straße
Buronstraße
Am Ring
Melchior-Elch-Straße
Hallen-
kartbahn
AL
WC
Neugablonzer Straße
Augsburger Straße
Mauerstettener Straße
Karl-Heilmeier-Str.
720
Wertachweg
Kunsthaus
Hirschzoller-
Str.
Edelweißstraße
KAUFBEUREN
679
Ganghoferstraße
Bahnhofstr.
P+R
Hirschzeller Straße
Frankenrieder Straße
Weiherweg
Schneidersteig
Birkentalweg
Wertach
Füssener Straße
682
HIRSCHZELL
686
EL

Blick von Breitbrunn über den Ammersee nach Schondorf

IMPRESSUM

© KOMPASS-Karten, A-6020 Innsbruck (23.01)
1. Auflage 2023 Verlagsnummer 189 ISBN 978-3-99121-819-7

Text (soweit nicht anders angegeben): Mag. Dr. Julia Bihar

Titelbild: Ammersee (© ThomBal - stock.adobe.com)

Action: Lutherlabyrinth, 2017; © Labyrinth Ex Ornamentis in Utting
Radfahrer; © Tourismusverband Ammersee-Lech e.V./Robert Klinger
Aktiv: Segelboote am Ammersee; © Tourismusverband Ammersee-Lech e.V./Robert Klinger
THERME Bad Wörishofen
Kinder: Raddampfer HERRSCHING; © Bayerische Seenschifffahrt GmbH
Stand-Up-Paddling; © Tourismusverband Ammersee-Lech e.V./Robert Klinger
Natur: Landsberg am Lech; © Adobe Stock/magann
Sonnenuntergang am Ammersee; © Tourismusverband Ammersee-Lech e.V./Robert Klinger
Schlechtwetter: Orff im Arbeitszimmer; © Carl Orff-Stiftung/Anja Wechsler
Jugendstilsalon, Künstlerhaus Gasteiger, Holzhausen am Ammersee;
© Bayerische Schlösserverwaltung, www.schloesser.bayern.de
Wandertour 1-4: Siegfried Garnweidner
S.36/37: Siegfried Garnweidner

KOMPASS-KARTEN GMBH
Karl-Kapferer-Straße 5, A-6020 Innsbruck
www.kompass.de/service/kontakt